J. CHAMPCOMMUNAL

Avocat, Docteur en droit
Professeur à la Faculté libre de droit de Limoges

UNE
RÉFORME LÉGISLATIVE
NÉCESSAIRE

La Preuve de la Nationalité à organiser

EXTRAIT DE LA *Revue de droit international privé et de droit
pénal international*

LIBRAIRIE

DE LA SOCIÉTÉ DU

RECUEIL SIREY

22, rue Soufflot, PARIS, 5e arr.
L. TENIN, Directeur

1919

J. CHAMPCOMMUNAL

Avocat, Docteur en droit

Professeur à la Faculté libre de droit de Limoges

UNE

RÉFORME LÉGISLATIVE

NÉCESSAIRE

La Preuve de la Nationalité à organiser

EXTRAIT DE LA *Revue de droit international privé et de droit pénal international*

LIBRAIRIE

DE LA SOCIÉTÉ DU

RECUEIL SIREY

22, rue Soufflot, PARIS, 5ᵉ arr.

L. TENIN, Directeur

1919

DU MÊME AUTEUR

Etude sur la succession ab intestat en droit international privé, Paris, Rousseau, 1892. . . . . 10 fr. »

Etude sur la lettre de change en droit international privé (Extrait des *Annales de droit commercial*), Paris, Rousseau. 1895. . 3 fr. »

Etude critique de législation comparée sur la tentative (Extrait de la *Revue critique*), Paris, Pichon, 1895 . . . . 2 fr. »

Examen critique et comparé du projet de réforme du Code pénal français (Extrait du *Journal des Parquets*), Paris, Rousseau. 2 fr. »

Etude sur la donation et le testament en droit international privé (Extrait de la *Revue critique*), Paris, Pichon, 1896 . . . . . 2 fr. »

La condition juridique des enfants naturels dans les nouvelles législations de la Suisse, de la Principauté de Monaco et de la Belgique (Extrait du *Bulletin de la législation de la société comparée*), Paris, Librairie générale de droit et jurisprudence (Pichon et Durand-Auzias), 1910. . . . . 2 fr. 50

Le conflit des lois personnelles (Extrait de la *Revue de droit international privé et de droit pénal international*), Paris, Librairie de la Société du Recueil Sirey, Larose et Tenin, 1911. . . . . 3 fr. »

Les conflits de juridiction entre les tribunaux civils et les tribunaux de commerce (Extrait des *Annales de droit commercial*), Paris, Rousseau, 1913 . . . . 3 fr. »

Les lois de la guerre, leur violation systématique par l'Allemagne. Réparations et sanctions (Conférence à l'Hôtel de Ville de Limoges). Librairie de droit usuel, 1915. . . . . 1 fr. 50

La sucesion ab intestato en derecho internacional privado (traduction du Dr Alejo García Góngora ; notes relatives aux Etats américains du Dr Alejo García Moreno), Madrid, *La España moderna*. 10 pesetas

La réforme de l'instruction préparatoire en France (Extrait de la *Revue pénale suisse*), Genève.

La riforma dell' instruttoria in Francia (Extrait de la *Rivista penale*), Rome.

Estudio critico de legislacion comparada sobre la tentativa (Extrait de la *Revista de los tribunales*), Madrid.

Le problème des Cours d'assises en France (Extrait de la *Rivista penale*), Rome, 1910.

UNE RÉFORME LÉGISLATIVE NÉCESSAIRE

LA PREUVE DE LA NATIONALITÉ A ORGANISER.

Le régime de la nationalité fait l'objet d'études continuelles ; c'est un sujet que l'on remet sans cesse sur le chantier en vue de l'adapter aux événements. La preuve de ce rapport juridique inquiète, au contraire, fort peu les esprits. Il faut que des procès retentissants en révèlent les difficultés ou les bizarreries pour attirer l'attention sur un point qui, sans qu'on puisse en donner la raison, demeure en dehors des préoccupations courantes. L'intérêt est cependant de premier ordre. Que vaut un statut dont on ne peut se servir aisément ?

Les complications de la vie moderne imposent la preuve de la nationalité dans des circonstances de plus en plus fréquentes. Tout individu peut, à un moment donné, se trouver tenu de démontrer qu'il est un national ou un étranger tant à l'égard de sa patrie ou d'un autre Etat qu'à l'égard d'un simple particulier : concurrent privé, adversaire politique ou simple co-contractant. La qualité, dont il se prévaut, peut aussi lui être contestée dans les mêmes conditions.

L'exercice de nombreux droits publics ou privés comporte aujourd'hui la preuve de la nationalité. Ainsi, depuis le merveilleux essor qu'a pris la législation ouvrière sous la troisième République, les travailleurs doivent justifier qu'ils sont Français pour en revendiquer la plupart des avantages : retraites, domicile de secours, assistance aux vieillards, limitation dans une entreprise des étrangers, etc. — L'application aux étrangers de la loi du 9 mars 1918 sur les baux à loyer mérite aussi une mention. Elle repose sur des distinctions assez complexes que détermine le décret du 29 août suivant. Les avantages dont peuvent se prévaloir les non-nationaux se trouvent gradués d'après l'intérêt qu'ils inspirent ; pour reconnaître la classe dont ils font partie, il faut déterminer leur nationalité. La preuve de cette qualité passe ainsi au premier plan.

La tendance législative est de faire figurer la nationalité parmi les renseignements mis à la disposition des tiers. La loi toute récente sur le registre de commerce en fait une prescription remarquable.

En temps de guerre, la preuve de la nationalité sollicite particulièrement l'attention, de nombreux individus cherchant à décliner la qualité de citoyen pour échapper au service militaire, ou au contraire se prévalant de cette qualité pour éluder des séquestres dommageables ou des mesures de police rigoureuses. Faut-il être grand prophète pour prédire qu'avec la signature de la paix et la reprise des relations internationales, il se posera des problèmes infiniment délicats, que viendront accroître et compliquer les changements de territoires ! Des personnes appartenant aux classes sociales les plus diverses ne manqueront pas de se parer de la condition qu'elles jugeront propice à leurs intérêts. Que de maquillages en perspective, et aussi que de contestations !

Ce n'est pas seulement en France que la preuve de la nationalité constitue une impérieuse obligation. La pratique révèle qu'à l'étranger nos compatriotes se voient refuser la protection de nos agents diplomatiques, ainsi que la délivrance de passeports et de pièces d'identité ou l'inscription sur les registres consulaires, faute de fournir la preuve de leur état de Français.

Devant de pareilles exigences, on s'attendrait à des règles permettant d'obtenir sans encombre l'attestation officielle de la nationalité. On reste profondément surpris en constatant l'absence de toute prévision générale tant pour la preuve extra-judiciaire que pour la preuve judiciaire. Les intéressés n'ont de recours qu'aux principes ordinaires du droit et de la procédure. Mais l'application de ces principes à une matière très spéciale ne manque pas de causer les pires embarras avec d'amères déceptions. Des affaires récentes viennent de démasquer plus nettement que jamais la lacune, et font apparaître l'urgente nécessité de mettre fin à un désarroi aussi funeste à la nation qu'aux particuliers. D'excellents auteurs ont signalé le danger, et un distingué avocat du barreau parisien, M. Georges Gruffy, qui est en même temps un écrivain érudit, s'est efforcé avec un zèle d'apôtre de créer un mouvement d'opinion. Non content d'avoir établi un programme de réforme (1), il sollicite les concours qui lui paraissent utiles, provoque la discussion (2) et se déclare prêt à favoriser toute proposition qui aurait chance de succès, tant est grand son désir de sortir de l'ornière dans laquelle on se débat à l'heure actuelle !

Sous l'impulsion des faits et des idées, un député, M. Honnorat, avec le concours de plusieurs de ses collègues, a déposé sur le bureau de la Chambre un projet (3), qui a été renvoyé à la Commission de législation civile et commerciale. Les dispositions soumises au Parlement ne laissent pas de prêter à des critiques ; mais il convient de louer sans réserve une initiative qui amorce la réforme à titre officiel.

Le moment semblant opportun pour arriver à un résultat, notre étude a pour but de mettre les choses au point et de dégager des controverses les solutions concurrentes. Un examen approfondi du sujet nous a convaincu qu'il était possible de remédier aux vices essentiels de la législation sans la bouleverser, qu'il suffisait de certaines additions qui compléteraient le droit tout en lui laissant sa physionomie habituelle. Après avoir tracé un tableau détaillé, bien que rapide, des errements suivis dans la pratique — point de départ et justification de tous les changements — nous exposerons, en la

---

(1) *Nationalisation et francisation. J. dr. int. pr.*, 1916, p. 1106 et p. 1526, et tirage à part.

(2) Dans son Essai d'un projet de loi sur la nationalité, *Rev. dr. int. privé*, 1917, p. 5. M. Julien Pillaut envisage la question de la preuve, p. 21 et 27.

(3) Proposition de loi ayant pour but d'instituer une procédure expéditive en matière de preuve de nationalité, présentée par MM. Honnorat, Edouard Ignace, André Paisant, Landry, Lugol, députés. *Doc. parl.*, Chambre, sess. ord., séance du 23 février 1917, annexe n° 3053.

soumettant à un examen critique, la théorie nouvelle qui a été imaginée pour donner la preuve de la nationalité, et qui sert de base à la proposition législative dont nous venons de parler. Les précédents ainsi appréciés, nous indiquerons la combinaison que nous croyons à la fois la plus simple et la plus facile à réaliser.

Avant d'aborder l'étude même du sujet, deux observations s'imposent. Elles écartent l'une et l'autre des préoccupations superflues.

Le mode de preuve, doit-on remarquer tout d'abord, est indépendant du droit lui-même. Point n'est besoin, pour l'établir, d'attendre la refonte des lois sur la nationalité ; peu importe que la qualité d'origine se détermine par le *jus soli* ou par le *jus sanguinis*, ou bien que la naturalisation soit extensive ou restrictive. Le système adopté pour la preuve s'adaptera sans difficultés à toutes les conceptions intrinsèques du sujet, quelles qu'elles soient.

On peut aussi s'inquiéter de la place matérielle des nouvelles dispositions. Doivent-elles se trouver formulées par une loi particulière ? Convient-il de les introduire dans le Code civil lui-même ? A vrai dire, elles n'y paraîtraient nullement étranges. Une procédure spéciale se traite fort bien après le droit dont elle assure la valeur. Le titre du divorce et de la séparation de corps en offre l'exemple typique. Lorsque le législateur procédera à une revision générale de la nationalité, il agira sagement en faisant figurer au Code civil l'ensemble des règles, celles relatives à la forme comme les autres ; ce sera une excellente occasion de combler le vide des articles 22 à 33. Mais, en attendant cette refonte, qui réunira en un bloc des éléments épars, il ne reste guère que la ressource de la loi séparée.

I. — *L'état actuel du droit et la jurisprudence.*

L'idée courante veut que l'acte de naissance suffise à établir la qualité de Français. Il n'en existe pas de plus fausse, ni de plus pernicieuse, car elle engendre une perfide sécurité. La persistance de cette erreur invétérée provient d'une confusion historique. Avant la loi des 17-27 ventôse an XI, qui a promulgué le livre 1er, titre 1er, du Code civil, la naissance sur le sol conférait à elle seule la condition de régnicole. Le Code civil d'abord non sans une timidité manifeste, des lois ultérieures avec une ampleur toujours croissante, s'efforcèrent de combiner le *jus soli* avec le *jus sanguinis*, alliage délicat, incertain, variable suivant les idées du moment, la prééminence passant à tour de rôle à chacun des éléments en concurrence. C'est ainsi que la loi du 22 juillet 1893, qui forme avec la loi du 26 juin 1889 la charte actuelle de la matière, est venue restreindre les règles formulées quatre ans plus-tôt. C'est ainsi que les nécessités de la guerre ont inspiré au législateur de prudentes modifications. De cette succession de réformes, il est résulté un droit fort complexe et d'une interprétation infiniment délicate : on a pu y voir sans exagération « une mine de procès ». Toute l'économie du système consiste à attribuer une nationalité provisoire à l'enfant qui naît en France de parents étrangers, à moins que son père n'y soit né lui-même : nationalité française ou nationalité étrangère suivant les circonstances. A l'âge et aux conditions déterminés par la loi française, cet enfant fait connaître, au moyen d'une déclaration, sa volonté d'acquérir ou de décliner la qualité de Français. Mais rien, dans l'acte de naissance, ne révèle le changement d'état. L'intéressé en fournit la preuve en produisant l'exemplaire dûment enregistré de sa déclaration, ce qui, en cas de perte, ne laisse pas de lui causer certains embarras. Quant aux tiers, ils s'agitent dans un labyrinthe dont aucune Ariane ne leur tend le fil conducteur.

L'acte de naissance, qui n'établit pas directement la nationalité, n'a pas en principe à en porter la mention. Les tribunaux seraient mal fondés à en ordonner dans ce but la rectification. L'article 35 du Code civil interdit, en effet, aux officiers de l'état civil de rien insérer dans les actes qu'ils reçoivent que ce qui doit être déclaré par les comparants ; or l'article 57 du Code civil ne comprend pas l'indication de la nationalité parmi les renseignements qui doivent figurer à l'acte de naissance.

Lorsqu'il s'agit de Français nés à l'étranger — et on se rappelle que la loi de 1889 a supprimé la dénationalisation par établissement à l'étranger sans esprit de retour — il ne saurait être question du *jus soli*. La seule ressource consiste, en invoquant le *jus sanguinis*, à démontrer par possession d'état ou par titre l'origine française : démonstration difficile entre toutes ! Les éléments de la filiation peuvent être établis à l'aide des actes de l'état civil reçus par nos agents consulaires selon les formes françaises, ou par les autorités locales selon les formes du pays. Pour faciliter les recherches, il a été créé au ministère des Affaires étrangères un service qui centralise non pas d'une manière absolue, mais dans la mesure du possible, les actes de l'état civil concernant les Français à l'étranger (art. 47-48 C. civ.).

Le rapport de nationalité se trouve intimement uni au droit de famille. Le mariage, ainsi que la nature de la filiation, exercent une influence décisive. Le statut devient d'autant plus scabreux à définir que la situation se complique souvent de conflits de lois infiniment délicats.

La loi du 30 novembre 1906, qui, dans un but excellent mais assez mal réalisé, chercha à assurer le secret de la filiation, a eu pour contre-coup imprévu d'épaissir les ténèbres d'une situation déjà singulièrement obscure. La délivrance de l'acte de naissance se trouvant soumise à de rigoureuses restrictions, les tiers ne peuvent plus obtenir que des extraits tout à fait insuffisants pour connaître les faits dont se dégage la nationalité.

La preuve de la nationalité n'est relativement facile qu'en cas de naturalisation véritable ; elle s'effectue alors par une ampliation du décret qui la confère, jointe à un numéro du *Bulletin des lois* qui réalise la publicité légale. Encore convient il de noter que l'omnipotence de l'autorité centrale, l'absence de tout contrôle, peuvent devenir cause de confusions singulièrement préjudiciables. On cite comme exemple typique le cas de cette vieille demoiselle d'origine russe, qui fut déclarée mal fondée à se prévaloir de la naturalisation accordée à son père par ordonnance royale du 9 septembre 1831 sous ce prétexte fabuleux : défaut en temps utile de la publicité requise à peine de nullité, l'administration n'ayant fait insérer l'acte de naturalisation au *Bulletin des lois* que le 26 août 1868, soit 37 ans en retard et 27 ans après le décès du bénéficiaire (1) ! Ajoutons que le nouveau Français doit conserver soigneusement les pièces établissant sa qualité sous peine de les faire reconstituer. D'autre part, la divulgation du changement de condition reste, en fait, inconnue des tiers, car la publication au *Bulletin des lois* rentre dans le domaine théorique.

Les lois sur la nationalité ne fournissant pas aux intéressés les indications qu'ils en attendaient, l'idée leur est venue de s'adresser à l'autorité supérieure pour en obtenir des éclaircissements. Ces demandes ont reçu au ministère de la Justice un accueil favorable : des quantités d'avis ont été donnés par lettre officielle, dont copie certifiée conforme. Ce sont de véritables consultations, qui offrent le rare mérite de la gratuité. La Chancellerie donne à cette pratique comme base légale un certain décret du 9 juin 1909 introuvable dans les recueils ordinaires de textes législatifs, et charge un de ses services spéciaux, le Bureau du Sceau, de délivrer les réponses sollicitées. Le Bureau du Sceau, sous un nom moins pompeux, a remplacé l'ancien Conseil du Sceau et des Titres. A l'origine, il était simplement chargé d'instruire les demandes de naturalisation proprement dites, en vertu d'une délégation du ministre de la Justice ; il n'avait pas à s'occuper de ces nationalités de faveur que les anciens civilistes qualifiaient de « bienfait de la loi ». En 1889, au moment où fut réorganisée cette vieille institution du « bienfait de la loi » si vivement attaquée mais qui fonctionne toujours, le juge de paix fut substitué au maire pour recevoir les déclarations de nationalité (2), et il fut aussi décidé que ces déclarations seraient examinées, corrigées et centralisées au ministère de la Justice, puis publiées par ses soins. En 1893, la nouvelle loi ajouta à l'enregistrement la sanction de la nullité et spécifia que, si les déclarants se trouvaient en désaccord avec la Chancellerie, les tribunaux ordinaires trancheraient le différend. A la suite de ces étapes successives (3), le Bureau du Sceau est devenu un véritable « Office centralisateur de la nationalité ». Sous sa garde se trouvent placés les dossiers de toutes les affaires étudiées, précieuses et uniques archives dont la destruction causerait un désastre irréparable !

Si étendu que soit le service de ses consultations, le Bureau du Sceau

---

(1) Paris, 19 février 1877, *de Vousov*, D. 77.2.68. — Rapp. Cass. civ., 16 juillet 1894, *Menabrea*, *J. dr. int. pr.*, 1894, p. 1023.

(2) Décret du 13 août 1889, art. 6. — Comp. art. 9 et décret du 28 août 1907. — Sur le caractère obligatoire de cette règle : Trib. Seine, 1re Ch., 27 mai 1918, *Olinda*, *J. dr. int. pr.*, 1919, p. 305, et *Rev. dr. int. privé*, 1919.

(3) Une circulaire ministérielle fort remarquable du 28 août 1893 constitue en quelque sorte la charte de ce service.

n'a ni un monopole de droit, ni un monopole de fait. C'est ainsi que le Département des Affaires étrangères paraît être intervenu plus d'une fois dans des contestations de nationalité, et que le ministère de la Guerre, au cours d'opérations de recrutement, n'a pas manqué d'émettre pareille prétention, au moins aux dires de certains fonctionnaires ou officiers peut-être trop zélés.

Ces consultations, quelle que puisse en être la valeur, n'ont aucun caractère obligatoire. Tout le monde connaît la fameuse antinomie qui sur des points essentiels existe entre la jurisprudence de la Cour de cassation et la jurisprudence de la Chancellerie. Les critiques n'ont naturellement pas manqué (1), et il faut reconnaître qu'elles ne laissent pas d'avoir quelque fondement. Tout en rendant hommage à la louable intention de venir en aide aux intéressés, il est permis de poser la question : en matière contentieuse, appartient-il à une administration de donner des conseils ?

En raison même des lacunes et des obscurités de la loi, les procès sont fréquents. On peut se montrer surpris que l'action en détermination de la nationalité ne fasse l'objet d'aucun règlement (2). C'est en plein le maquis de la procédure avec toutes ses embûches.

Un seul point paraît certain : les litiges relatifs à la nationalité par le seul fait qu'ils touchent à l'état des personnes ressortissent au tribunal civil. On peut, il est vrai, citer un texte qui donne qualité au juge de paix. Le décret organique du 2 février 1852 pour l'élection des députés reconnaît au magistrat cantonal, dans son article 22, le droit de fixer la nationalité quand la contestation élevée ne lui paraît pas sérieuse. Critérium singulièrement élastique, geste à la Ponce-Pilate d'un législateur dans l'embarras ! Les juges de paix n'ont d'ailleurs pas fait grand cas de ce dangereux cadeau, et l'on cite comme curiosité un jugement rendu sur cette matière par le Tribunal de paix de Saint-Jean-de-Luz (3).

En ce qui concerne le choix du tribunal dans chaque affaire, la doctrine sans plus approfondir la question renvoie à la règle : « *Actor sequitur forum rei* ». La pratique est moins nette. On relève en fait la préférence marquée au Tribunal de la Seine : les employés de la préfecture accueillent avec un empressement, qui ne manque pas parfois d'être critiquable, les assignations signifiées au préfet sans soulever *in limine litis* le déclinatoire d'incompétence. D'autre part, l'Etat consent assez volontiers à aller plaider au domicile du demandeur. C'est ainsi qu'un jeune interné à l'Ile Rousse, ayant sollicité sa mise en

---

(1) Voy. Camille Jordan, *Examen des pouvoirs de la Chancellerie en matière de naturalisation, Bulletin de la Société de législation comparée*, 1918. p. 313.

(2) M. le professeur Audinet, a publié dans le *J.dr. int. pr.*, 1917, p. 1241, une fort remarquable étude : *Du contentieux et de la compétence en matière de nationalité*, dont nous avons tiré le meilleur profit.

(3) Voy. Cass. civ., 30 avril 1890, *Diaz, J. dr. int. pr.*, 1890, p. 939.

liberté sous prétexte qu'il était Suisse et non Allemand, s'est vu désigner par le ministre de l'Intérieur un avoué à Calvi (1).

Si, dans l'état actuel de la législation, l'entente existe pour attribuer compétence au tribunal civil, la manière dont il convient de le saisir soulève une controverse particulièrement importante ; il est peu de points aussi discutés. La controverse s'étend à deux situations qu'il convient de distinguer avec soin : la question de nationalité est soulevée au cours d'un procès déjà pendant ; cette question est soumise à la justice par voie d'action directe.

Lorsque le débat se présente sous forme d'incident, la solution varie selon la nature de la juridiction saisie de l'affaire principale. Est-ce un tribunal de première instance ? La plénitude de juridiction dont il jouit lui permet de joindre sans difficulté l'incident au fond (2). Il en est de même devant une juridiction répressive de droit commun : tribunal correctionnel ou Cour d'assises ; l'adage traditionnel : « le juge de l'action est juge de l'exception » comporte, à défaut d'un texte contraire, son application normale (3). Mais il peut arriver que la difficulté surgisse devant une juridiction dont les attributions se trouvent strictement limitées : tribunal de commerce, justice de paix, commission arbitrale des loyers, en matière civile (4), — tribunal de simple police ou conseil de guerre, en matière pénale, — conseil de préfecture ou conseil de revision, en matière administrative. La décision, que doit prendre envers certaines personnes un ministre ou un agent de l'Etat, dépend souvent aussi de leur qualité de Français ou d'étranger. Dans toutes ces circonstances, l'affaire principale reste tenue en suspens par la question préjudicielle de nationalité (5) ; le jugement doit en être renvoyé aux magistrats, qui seraient compétents pour statuer directement (6), et nous arrivons ainsi à l'examen de la seconde situation,

---

(1) Affaire *Hugo-Daenem*.

(2) Aix (1ʳᵉ Ch), 4 juin 1912, *Azar, Rev. dr. int. privé*, 1913, p. 207.— Voy. une application intéressante de la règle générale par la Cour d'appel mixte d'Alexandrie, 11 juin 1913, *Emmanuel Benachi, Ibid.*, 1914, p.629. — Peu importe que l'Etat soit partie au procès comme demandeur : Aix, 7 février 1885, *J. dr. int. pr.*, 1885, p. 673.

(3) Cass. crim., 20 mai 1908, *Mohamed ben Salah et autres, Rev. dr. int. privé*, 1910, p. 114, et les références.

(4) Le Président statuant en référé est également incompétent : Trib. Seine (référés), 20 juillet 1916, *Durand, J. dr. int. pr.*, 1917, p. 222 ; Trib. Seine (1ʳᵉ Ch.), 17 juillet 1917, *Stern, Rev. dr. int. privé*, 1918, p. 435, *J. dr. int. pr.*, 1918, p. 238, et les références.

(5) A condition bien entendu que l'exception soulevée ait un caractère sérieux et ne constitue pas un simple moyen dilatoire : Trib. Seine (référés), 13 septembre 1918, *Débat, J. dr. int. pr.*, 1919, p. 326 ; Conseil d'Etat, 15 janvier 1892, *Nodsworth, Recueil*, 1892, p. 2 ; Laferrière, *Traité de la jur. adm.*, 2ᵉ éd., t. II, p. 592 ; Circulaire Ministre de la Justice du 30 août 1918 sur la loi des loyers.

(6) Conseil d'Etat, 26 novembre 1915, *Veil, J. dr. int. pr.*, 1919, p. 293

celle où la demande se trouve formée devant le tribunal civil par voie spéciale.

L'action en détermination de la nationalité, qui fait l'objet d'une instance particulière, peut se rapporter à des conflits fort divers. Elle intéresse tantôt des intérêts privés et tantôt des intérêts d'ordre général. Dans le premier cas, il semble bien que la forme ordinaire s'impose pour l'introduction de la demande. Le plaideur, qui invoque sa qualité de Français ou d'étranger, ou bien qui conteste pareille qualité, doit opérer la mise en cause régulière de son adversaire, et par suite procéder par assignation (1). Cette nécessité ne se manifeste plus avec la même évidence lorsque le procès s'élève à l'occasion d'un intérêt d'ordre général. C'est, par exemple, un individu qui se prévaut du titre de Français, soit pour exercer un droit politique ou public, soit pour échapper à un arrêté d'expulsion, à une déchéance ou à une mesure de police applicable aux seuls étrangers. C'est, en sens inverse, un individu qui invoque son extranéité pour se soustraire aux charges civiques, notamment au service militaire. En pareille circonstance, il n'existe pas de contradicteur apparent et personnel ; aussi le désaccord existe-t-il sur le point de savoir s'il faut employer la procédure d'ajournement ou la procédure de requête. Le doute apparaît comme d'autant plus vif que le législateur, loin de formuler une règle générale, s'est borné à quelques décisions particulières, et que ces décisions sont elles-mêmes différentes.

La procédure d'ajournement trouve sa consécration dans la loi du 21 mars 1905 sur le recrutement de l'armée, qui se borne à reproduire la décision des lois militaires antérieures. D'après son article 28, les litiges relatifs à la nationalité sont jugés par les tribunaux civils contradictoirement avec le préfet et sur assignation de la partie la plus diligente.

La procédure de requête a obtenu la préférence dans deux matières importantes (2). Elle doit être suivie, lorsque le débat s'élève à propos de la confection des listes électorales (décret du 2 février 1852, art. 23), ou à la suite de refus opposés par la Chancellerie aux déclarations de nationalité (loi du 22 juillet 1893, C. civ., art. 9 § 2).

Ces textes ne fournissent aucune indication rationnelle. Ce sont de simples décisions d'espèces. La Cour de cassation a jugé que la loi de

---

et la note de M. L. R. dans la *Revue algérienne*, 1917.2.228 ; Conseil d'Etat, 27 juillet 1917, *Denné, Rev. dr. int. privé*, 1918, p. 117.— La juridiction, qui surseoit jusqu'au vidé du conflit, peut impartir un délai : C. d'appel d'Alexandrie, 18 mai 1916, *Fafalios et autres, Bull. de législ. et de jurispr. égypt.*, 1916, p. 339.

(1) Weiss, *Traité de dr. int. pr.*, 2ᵉ éd., t. I, p. 208-209 ; Cogordan, *La nationalité*, 2ᵉ éd., p. 404.

(2) La loi du 18 juin 1917 sur la déchéance de la nationalité donne compétence à la Chambre du conseil ; sa décision s'explique par le caractère spécial de l'affaire. Mais le naturalisé doit être *cité* (art. 5). Voy. Audinet, *J. dr. int. pr.*, 1918, p. 15.

1905 comportait une interprétation restrictive (1), et les lois sur l'établissement des listes électorales et l'enregistrement des déclarations de nationalité n'ont eu d'autre but que d'assurer le maximum de rapidité à des procès présentant une urgence particulière. On ne ferait pas intervenir avec plus de succès les articles 855 et suivants du Code de procédure civile relatifs à la rectification des actes de l'état civil. Dans l'espèce, il ne s'agit nullement de réparer une erreur d'acte, et d'ailleurs l'application de ces articles semble pour le moins douteuse, lorsque la demande de rectification soulève une question d'état.

Si nous étions appelé à formuler un avis sous l'empire actuel de la législation, nous admettrions sans hésiter, que l'instance doit être introduite par assignation (2). Telle est, en effet, la règle générale, normale, et nous ne voyons aucune considération sérieuse qui paraisse de nature à motiver une dérogation. Le sentiment contraire trouve cependant des partisans fort autorisés, qui tirent argument de la nature de l'instance (3). Les affaires relevant de la juridiction gracieuse sont introduites par voie de requête (4) ; or tel est bien, prétend-on, le caractère du procès de nationalité lorsqu'en fait il n'existe pas une partie adverse pour contredire. Affirmation audacieuse qui conduirait, si on en suivait les conséquences logiques, à étendre la voie de la requête à toutes les actions, quels qu'en soient le genre et la nature, dès que personne ne les combattrait. Nul ne voudrait souscrire à pareille conclusion ! Preuve que le terrain sur lequel on se place n'est guère solide ! Certaines demandes présentent, en effet, le caractère contentieux par elles-mêmes ; car elles contiennent un conflit à l'état latent et le préjugent. N'est-ce pas précisément le cas en matière de nationalité ?

La jurisprudence se montre divisée sur cette importante question. A Paris, la procédure d'ajournement prévaut sans difficulté (5). Des tribunaux du ressort de la Cour de Poitiers (6), et cette Cour elle-même, ont rendu, au contraire, des décisions qui reconnaissent la régularité de l'instance introduite par requête, et la compétence de la Chambre du conseil (7). Ce sont ces décisions qui ont attiré l'attention sur la lacune de la loi et motivé des projets de réforme.

---

(1) Cass. civ., 15 janvier 1912, *Parenté, Rev. dr. int. privé*, 1912, p. 396 ; *J. dr. int. pr.*, 1912, p. 863 ; S. et P., 1912.1.357 ; *Pand. fr.*, 1912.1.317.

(2) Audinet, *loc. cit.*, 1917, p. 1245 et suiv.

(3) Voy. Valéry, *Manuel dr. int. pr.*, p. 319. — Voy. aussi la note de M. Pierre Binet sous Poitiers, 14 janvier 1914, D. 1916. 2 I. — Comp. Edouard Lévy, *La Loi* du 9 mai 1914.

(4) Voy. Planiol, D.1906.1.937 ; Japiot, *Rev. trim. dr. civ.*, 1912, p. 1047.

(5) Trib. Seine (Ch. conseil), 24 août 1916, *Menluy, Rev. dr. int. privé*, 1917, p. 263 ; *J. dr. int. pr.*, 1917, p. 642, et les références.

- (6) Trib. des Sables d'Olonne (Ch. conseil), 30 mai 1916, *Coutarel, Rev. dr. int. prive*, 1917, p. 263 ; *J. dr. int. pr.*, 1917, p. 188 ; Trib. de La Rochelle, 24 juin 1913, *Meyer, J. dr. int. pr.*, 1917, p. 1028 et la note de M. Audinet, p. 1035 (appel déclaré non recevable en la forme par Poitiers, 14 janvier 1914, cette *Revue*, 1917, p. 263).

(7) Poitiers, 16 octobre 1916, *Coutarel, Rev. dr. int. privé*, 1918, p. 263 ; *La*

Il ne suffit pas de déterminer la manière d'introduire l'action relative à la nationalité ; il faut encore, au cas où le litige concerne l'intérêt public, rechercher quel sera l'adversaire, demandeur ou défendeur, du particulier dont la condition se trouve contestée. Ce point ne présente ni moins d'importance, ni moins de difficulté. La désignation n'est faite par la loi que dans une seule circonstance. Lorsque des hommes inscrits sur le tableau de recensement excipent pour en être rayés de leur qualité d'étranger, le litige doit être jugé contradictoirement avec le préfet, selon la prescription de l'article 28 de la loi de 1905. Ce texte, malgré son apparente précision, a prêté cependant à de sérieuses controverses. Non seulement la jurisprudence refuse d'en étendre les dispositions aux soldats déjà incorporés, — mais chose plus grave, il a été soutenu, et même jugé que le préfet ne jouissait pas d'une compétence exclusive : le ministre de la Guerre serait fondé à agir directement, soit pour introduire l'instance, soit pour relever appel (1), comme si le droit de donner des ordres à un subordonné impliquait la faculté de le remplacer !

Quoi qu'il en soit de ces embarras d'interprétation, la compétence de la loi de 1905 reste spéciale aux conflits que provoque le recrutement de l'armée. Rien n'autorise à le généraliser, et à en déduire que le préfet se trouve chargé de suivre toutes les instances relatives à la nationalité (2). Pour justifier une telle conclusion, il faudrait établir que le préfet constitue en principe le représentant de l'Etat, et si ce rôle lui est parfois dévolu, il est aussi attribué en diverses matières à d'autres fonctionnaires.

Le Ministère public paraîtrait mieux qualifié comme contradicteur légitime et nécessaire. Et de fait, il a souvent tenu ce rôle avec l'assentiment des tribunaux (3). C'est aussi contre lui qu'on a agi, lorsqu'on a voulu établir la qualité de Français en dehors de tout litige immédiat (4). Cette pratique conduirait donc à faire reconnaître la compétence générale du parquet si elle ne préjugeait la question très grave de ses attributions en matière civile (5). On sait que l'article 46 de la loi du 20 avril 1810 forme la base de la controverse, que trois interpré-

---

Loi des 13-14 décembre 1916 ; *Gaz. Pal.*, 8 décembre 1916 ; *Gaz. Trib.*, 28 décembre 1916 et la note de M. Audinet.

(1) Voy. notamment : Cass., 20 juin 1888, *J. dr. int. pr.*, 1889, p. 647 ; Paris, 12 mai 1891, *eod. loc.*, 1891, p. 1221.

(2) Audinet, *loc. cit.*, p. 1253 et suiv. — Comp. Weiss, *op. cit.*, t. I, p. 810 ; Cogordan, *op. cit.*, p. 421.

(3) Colmar, 19 mai 1868, S. 68.2.245 ; Trib. Seine, 17 juillet 1894, *Bracco*, *J. dr. int. pr.*, 1894, p. 1028 ; Bourges, 15 décembre 1896, *Hirsch*, *ibid.*, 1897, p 811 ; Trib. Mascara, 6 février 1895, *El Guarbroui*, *eod. loc.*, 1897, p. 814 ; Poitiers, 14 janvier 1914, précité.

(4) Besançon, 9 janvier 1895, *Hansberger*, *J. dr. int. pr.*, 1897, p. 805 ; Trib. Seine (1re Ch.), 14 février 1918, *Bocquet, eod. loc.*, 1918, p. 703 ; Trib. Seine (1re Ch.), 20 juin 1918, *Landau, Gaz. Pal.* des 10-11 septembre 1918 ; Trib. Seine (1re Ch.), 6 février 1919, aff. *Violette. J. dr. int. pr.*, 1919, p. 756.

(5) Voy. Pillet, importante note S. 97.2.17.

tations en ont été données, et que la jurisprudence approuvée par la doctrine s'oriente vers la plus restrictive.

Le législateur, qui n'a pas pris soin d'organiser l'action en détermination de nationalité, ne pouvait désigner le fonctionnaire chargé de représenter l'État. Dans l'état actuel du droit, cette action reste traitée en action ordinaire, soumise comme telle aux règles générales de procédure (1). S'agit-il d'intérêts privés ? le débat s'engage comme en toute autre circonstance entre les parties en cause. S'agit-il d'intérêts d'ordre général, celui des agents de l'État, qui en raison de son service se trouve chargé d'apprécier la réclamation, suit aussi le procès qu'elle provoque (2). Ce sera, par exemple, le Ministère public si le débat s'élève au cours d'une poursuite répressive, — le ministre qui a qualité pour arrêter la liste des candidats, s'il s'agit de l'exclusion d'un concours ou d'une fonction publique (3), — le ministre des Affaires étrangères, en cas de critique d'une radiation sur la liste des sujets français dans un Consulat (4). Autant de litiges, autant d'adversaires ! Au lieu de l'unité de direction, l'éparpillement des compétences !

Par crainte de ne pas mettre en cause l'adversaire qui répond au vœu de la loi, les plaideurs citent un peu au hasard plusieurs fonctionnaires ou représentants de l'État, se disant sans doute que dans le nombre il s'en trouvera bien un de bon. C'est ainsi que le ministre de la Guerre, le ministre des Affaires étrangères, le Ministère public, le préfet, se trouvent touchés en même temps. De cet imbroglio, il résulte de nouvelles complications. Le tribunal doit prendre soin de ne retenir que le personnage qualifié pour figurer dans l'instance (5), le préfet notamment lorsque l'exception d'extranéité a pour but une radiation au tableau de recrutement.

Le débat sur la nationalité se trouvant enfin régulièrement engagé, comment les juges peuvent-ils déterminer leur conviction ? Quels modes de preuve doivent leur être fournis ? Question grave, trop laissée dans le vague jusqu'ici, et qui en raison même de ce manque d'attention suscite des avis divergents, pour le moins incertains. Afin de dissiper toute confusion, il convient d'établir une démarcation fort nette entre la nationalité acquise et la nationalité d'origine.

---

(1) Les tiers peuvent intervenir dans les conditions ordinaires : Trib. Seine (1re Ch.), 20 juin 1916, *Kornfeld, Rev. dr. int. privé*, 1917, p. 268.

(2) Audinet, *loc. cit.*, p. 1255 et suiv. ; Baudry-Lacantinerie et Houques-Fourcade, t. I, n° 588.

(3) Paris, 15 août 1883, *J. dr. int. pr.*, 1883, p. 626.

(4) Trib. Seine, 12 novembre 1892, *Dejoie, eod. loc.*, 1893, p. 563. — Comp. Cogordan, *op. cit.*, p. 419.

(5) Paris (1re Ch.), 22 novembre 1916, *Bolomey, Rev. dr. int. privé*, 1918, p.454 ; *J. dr. int. pr.*, 1917, p. 650 ; Trib Seine (1re Ch.), 18 décembre 1917, *Dumas, Rev. dr. int. privé*, 1919, p. 102, *J. dr. int. pr.*, 1918, p. 687 ; 14 février, *Bocquet*, et 16 mai 1918, *Teysan, Rev. dr. int. privé*, 1919, p. 102, *J. dr. int. pr.*, 1918, p. 703 et 1214.

La nationalité acquise après la naissance suppose un acte juridique assujetti à certaines formalités. Elle ne peut donc être démontrée que par la production de l'écrit destiné à en constater l'accomplissement : décret de naturalisation régulièrement publié, déclaration d'option enregistrée au ministère de la Justice.

En ce qui concerne la nationalité d'origine, la situation est autrement délicate. Un arrêt de la Cour de Milan pose en termes catégoriques que la nationalité ne saurait dépendre de témoignages : elle doit résulter d'actes authentiques (1). Cette décision a provoqué avec raison des critiques très vives. Les textes du Code civil italien, ou plutôt ceux de la loi du 13 juin 1912 qui les remplacent (2), ne contiennent, pas plus que les textes correspondants du droit français, une disposition permettant d'affirmer que « tout ce qui touche à la nationalité doit être démontré au moyen d'un acte écrit ». Bien loin de là, plusieurs des solutions consacrées, comme par exemple la perte de la nationalité résultant du service militaire dans une armée étrangère, se trouvent en contradiction directe avec la règle que l'on prétend étayer sur leur autorité.

La vérité, c'est que la loi a négligé de prévoir et de régler les modes de preuve en cette matière. De son silence, il faut conclure qu'elle considère la nationalité comme un simple fait susceptible d'être établi par n'importe quel moyen (3). Non seulement les témoignages deviennent recevables, mais les simples présomptions entrent en ligne de compte, puisque la loi les accepte dans le même cas (4). La possession d'état est, en pratique, la considération par excellence que l'on fait valoir à défaut de titre. Elle se compose des trois éléments traditionnels : *nomen*, *tractatus*, *fama*, éléments imprécis auxquels la perspicacité du juge doit donner une juste valeur.

Cette liberté des modes de preuve, dont use la jurisprudence française (5), est conforme aux principes du droit. A défaut d'exception, il

---

(1) Arrêt du 31 janvier 1917, *Walfach*, *Monitore dei Tribunali*, 1917, p. 316.

(2) *Rev. dr. int. privé*, 1913, p. 944.

(3) Audinet, *J. dr. int. pr.*, 1917, p. 1027 ; Valéry, *eod. loc.*, 1918, p. 309. — Ce système est consacré par la loi du 18 juin 1917, article 4, sur la déchéance de la nationalité.

(4) Un document officiel étranger comme l'immatriculation dans un consulat ou la délivrance d'un passeport ne crée qu'une présomption soumise à l'appréciation des juges : Cass. req , 20 juin 1893, *Jean Goyom*, *J. dr. int. pr.*, 1895, p. 318 ; Trib. Tunis, 3 avril 1916, *Cohen et Hassid*, *Rev. dr. int. privé*, 1917, p. 272 ; Trib. Seine (référés).7 novembre 1916, *Jacob Stern*, *Ibid.*, 1917, p. 95 ; Trib. Seine (1re Ch.), 2 mai 1918, *Labourdette*, *J. dr. int. pr.*, 1919, p. 300. — La facilité avec laquelle on peut l'obtenir suffirait à faire écarter la théorie qui voudrait en déduire la preuve décisive de la nationalité, théorie consacrée par les arrêts de la Cour de Sophia, 1er mai 1906, et de la Cour de cassation (Ch. civ.) de Bulgarie, 24 décembre 1906, *Rev. dr. int. privé*, 1912, p. 444.

(5) Poitiers, 14 janvier 1914, précité. — Rapp. Alger, 2 décembre 1915, *Karila*, et Trib. civ. Tunis, 8 janvier 1917, *Bonan*, *J. dr. int. pr.*, 1917, p. 1042 et 1048 ; *La Loi*, des 25-27 février 1917.

faut,en effet, suivre la règle générale ; or les questions d'état peuvent se prouver à l'aide de la possession d'état Un texte précise même que l'acte de naissance à produire en vue de la célébration d'un mariage peut être suppléé par un acte de notoriété (C. civ., art. 70). Pourquoi la détermination de la nationalité resterait-elle soumise à de plus rigoureuses exigences?

Ajoutons pour dissiper tous les doutes, s'il en était besoin, ces deux considérations pratiques qui, à elles seules, sembleraient décisives. D'abord, la personne, dont on conteste la qualité, peut se réclamer d'un pays qui ignore l'institution des actes de l'état civil : tel est notamment le cas des sujets turcs, qui seraient parvenus ainsi à éluder aisément les mesures édictées contre les ressortissants ennemis. En outre, même dans le cas où il existe un acte, cette personne sera le plus souvent seule capable d'en faire usage ; en gardant le secret, elle ruine la manifestation de la vérité.

Pour établir sa nationalité, l'intéressé se voit parfois acculé à une impasse ; il lui faut justifier qu'il n'a pas accompli un acte déterminé pendant un temps, qui peut être fort long. Ainsi la nationalité allemande se perd par un séjour ininterrompu de dix ans à l'étranger ; mais un simple voyage d'affaires ou d'agrément en Allemagne suffit à constituer l'interruption. En vue d'échapper à la déchéance de sa nouvelle nationalité, cet ancien Allemand doit-il démontrer qu'il s'est abstenu de tout retour dans sa patrie d'origine? Appartient-il au ministère public ou à son adversaire de témoigner de son déplacement? Cette dernière décision est, à coup sûr, la plus juridique, une preuve négative présentant les plus grandes difficultés lorsqu'elle ne devient pas impossible. La plupart des décisions judiciaires laissent cependant la charge au défendeur (1), et cette exigence si rigoureuse soit-elle s'explique en fait, la législation allemande se trouvant conçue dans des termes tels qu'elle rend à peu près irréalisable la rupture du lien d'allégeance.

Si grandes que soient les surprises causées jusqu'ici par le défaut de réglementation, la plus déconcertante résulte encore de la décision udiciaire qui clôture le procès. L'application du droit commun conduit, en effet, à reconnaître que le jugement ou l'arrêt n'acquiert pas force absolue de chose jugée ; son autorité se restreint aux parties en cause. Une Cour d'appel (2) a dû constater que « l'individu ayant échappé au service militaire en invoquant un jugement par lequel son père avait réclamé la qualité d'étranger, peut cependant exercer ses droits politi-

---

(1) Trib. Seine (1ᵣₑ Ch.), 13 novembre 1916, *Aronsohn, Rev. dr. int. privé,* 1917, p. 557 et les conclusions de M. le substitut Legris, *J. dr. int. pr.*, 1917, p. 645 ; Paris (1ᵣₑ Ch.), 21 juin 1917, *Rev. dr. int. privé,* 1917, p. 557, *J. dr. int. pr.*, 1917, p. 1780. — *Contrà* : Trib. Seine (3ᵉ Ch.), 13 mars 1917, *Eschewege, J. dr. int. pr.*, p. 1767. — Conf. Haute Cour d'Angleterre (division du Banc du Roi), 18 janvier et 4 avril 1916 ; Chambre des Lords, 17 février 1916, *Rev. dr. int. privé,* 1917, p. 318 (preuve au défendeur).

(2) Pau, 23 juillet 1889, *Regis,* D. 90.2.85.

ques en tant que Français ». Un même individu ne pourrait-il tout aussi bien être frappé en même temps et d'une condamnation pour insoumission faute d'avoir répondu à un ordre d'appel militaire, et d'une condamnation pour infraction à un arrêté antérieur d'expulsion (1) ? Conséquences absurdes d'une théorie qui offusque le bon sens autant que la justice !

II. — *Les projets de réforme.*

Le simple exposé des faits suffit à justifier la nécessité et l'urgence d'une réforme. Toute insistance serait superflue. Mais la réforme paraît susceptible de deux conceptions fort différentes. L'une, très vaste, l'étend à toute la matière qu'elle réorganise de fond en comble, ou plutôt qu'elle organise dans son ensemble, car il s'agit d'écrire sur une page blanche. L'autre, plus modeste, en vue d'une réalisation rapide, la restreint aux points essentiels.

Pour les esprits novateurs, l'occasion s'offrait singulièrement tentante d'une construction neuve sur plan inédit. Voici l'édifice juridique qui se dégage d'études sérieuses.

Le public comprend fort justement que l'acte de naissance doit fournir la preuve de la nationalité. Son erreur est de prendre la solution désirable pour une réalité. Dans l'état actuel des choses, l'acte de naissance n'a pas la force suffisante pour donner la décision attendue. Eh bien, cette force, il n'y a qu'à la lui conférer à l'aide d'une opération spéciale, qui serait la « francisation ». L'expression peut surprendre au premier abord ; non seulement elle vaut par son laconisme, mais elle se justifie aussi fort bien au point de vue intrinsèque, dès qu'on pénètre le système, qui procède d'une analogie avec une situation très connue du droit maritime. Tout navire doit avoir une nationalité ; or cette nationalité ne lui est pas reconnue de plein droit. Pour que le navire soit considéré comme français, il ne suffit pas qu'il ait été construit en France avec des capitaux français, qu'il appartienne à des Français, qu'il soit conduit par un capitaine et un équipage français ; il devient nécessaire qu'une opération, dite francisation, lui crée une véritable individualité. Ainsi en serait-il de l'acte de naissance. Dénué par lui-même de valeur probante à l'égard de la nationalité, cet acte ferait preuve complète de la qualité de Français, lorsque l'autorité compétente aurait procédé à sa vérification.

Ces principes admis, le point essentiel consiste à déterminer l'autorité qualifiée pour attribuer à l'acte de naissance la « francisation ». Il faut des juges expérimentés et actifs, susceptibles de se plier à une procédure expéditive.

Plus d'une fois, on a songé pour résoudre les problèmes de la

____

(1) Sur le conflit entre la Chambre criminelle et la Chambre civile de la Cour de cassation, voy. Surville et Arthuys, *Cours de dr. int. pr.*, n° 39 ; Valéry, *Manuel dr. int. pr.*, p. 333. — Comp. Henry Hayem, *Rev. dr. int. privé*, 1912, p. 666.

nationalité à l'institution d'un tribunal administratif unique pour toute la France. De l'avis de M. Gruffy, point n'est besoin de procéder à de longues recherches, ni de se livrer à des discussions approfondies. Ce tribunal existe en fait, pour ainsi dire prêt à fonctionner : c'est le Bureau du Sceau, auquel s'adressent de si nombreux pétitionnaires. Il conviendrait simplement de transformer en une juridiction régulière cet organe administratif et de donner à ses décisions force de chose jugée. Il n'y aurait aucune utilité à rétablir ces sortes d'avoués connus sous le nom brillant de « référendaires du Sceau de France » ; mais la création d'un Ministère public deviendrait désirable à tous les points de vue. Au-dessus du nouveau tribunal, le Conseil d'Etat statuerait comme cour souveraine.

La combinaison est ingénieuse, et certes, dans l'ordre administratif, nul organe ne s'adapterait mieux que le Bureau du Sceau à la nouvelle fonction. Mais admettre une telle solution, c'est porter une atteinte infiniment grave aux principes fondamentaux de la législation. S'il est permis de leur adresser des critiques et d'en demander l'amélioration, il convient toujours de les traiter avec respect, car ils constituent les assises de la Société juridique ; or il est de tradition constante que l'état des citoyens se trouve placé en dehors de toute atteinte directe ou indirecte du pouvoir, sous la protection exclusive des tribunaux civils (1). A-t-on le droit de déroger à une règle aussi sage sous prétexte d'utilité pratique ? Bien que l'affirmative ait séduit d'excellents esprits, nous n'hésitons pas à répondre que c'est chose impossible. Quelles bizarreries ne résulterait-il pas d'ailleurs de cette dangereuse innovation ? Les questions d'état, au point de vue de la compétence, se trouveraient scindées en deux classes : celles qui concernent les liens de famille continueraient à ressortir à la justice ordinaire, celles qui concernent les liens d'allégeance relèveraient des tribunaux administratifs ; et, comme les deux questions se trouvent dans de nombreuses espèces intimement unies, ces tribunaux devraient ou bien renvoyer une partie du procès aux juges de droit commun, ou bien statuer sur des matières qui ne rentrent à aucun titre dans leur compétence. Solutions également fâcheuses en théorie et également dommageables en pratique !

---

(1) On a prétendu parfois que la nationalité ne constituait pas une question d'état, qu'elle déterminait simplement la loi dont dépendait l'état de la personne. L'état, c'est le statut personnel, qui ne comprend que des droits privés ; or la nationalité a un caractère politique qui l'en différencie. Cette opinion paraît reposer sur une confusion. Le caractère spécial de la nationalité peut bien la soumettre à des règles spéciales ; mais ce fait n'empêche nullement qu'elle ne constitue un des éléments essentiels de l'état des personnes au même titre que les relations de famille. — C'est pour respecter ce caractère que la loi du 18 juin 1917 a remis au tribunal civil le pouvoir de prononcer le retrait de la naturalisation ; suivant les termes mêmes de la Circulaire du Ministre de la Justice en date du 20 juin 1917, « elle consacre un retour au droit commun en conférant à l'autorité judiciaire la mission de prononcer la déchéance que la loi du 7 avril 1915 avait donnée au gouvernement sauf recours au Conseil d'Etat ».

Cet écueil de la juridiction administrative est si manifeste que M. le député Honnorat, en présentant le système de francisation comme projet de loi, n'a pas manqué de remettre à l'autorité judiciaire les instances relatives à la nationalité. Mais dans l'espoir d'assurer une prompte expédition des affaires, il s'est inspiré d'une combinaison préconisée par un excellent journal corporatif : « La Justice de paix », et a proposé de placer à la base de la procédure le magistrat cantonal.

M. Honnorat part de cette constatation : depuis la loi de 1893, le juge de paix a pris l'habitude de recevoir les déclarations de nationalité, dont le contrôle se trouve assuré par les spécialistes du Bureau du Sceau. Pourquoi ne pas étendre aux matières contentieuses cette étroite et heureuse collaboration entre le juge de paix et le ministère de la Justice ? « Le procureur de la République, appelé désormais à remplir par écrit en justice de paix le rôle qu'il remplit oralement devant le tribunal civil dans les affaires communales (art. 83, § 2, Pr. civile), agira comme substitut du ministre de la Justice dans les cas ordinaires, et, dans les cas compliqués, il sera mis en mesure par le ministre de recommander au juge de paix l'adoption d'une jurisprudence bien mise au point et surtout la thèse conforme à l'intérêt de l'Etat. »

L'idée de donner un pouvoir de décision au juge de paix en matière de nationalité n'a pas obtenu une bonne presse. Elle peut, il est vrai, se réclamer du précédent relatif à la revision des listes électorales ; mais ce précédent apparaît, disons le mot, comme une « gaffe législative », et ne gagnerait nullement à être généralisé. Le tribunal cantonal, que l'on met depuis quelque temps un peu trop à toutes les besognes, est, il faut le reconnaître, fort mal désigné pour la délicate mission dont on prétend l'investir. Les objections d'ordres différents se pressent et se fortifient.

La hiérarchie judiciaire subirait un singulier bouleversement. Se représente-t-on le juge de paix recevant de ses supérieurs hiérarchiques des conclusions écrites, qu'il resterait libre de méconnaître ? N'aperçoit-on pas tout de suite le rôle assez ridicule du procureur de la République réduit dans nombre de cas au rôle d'agent de liaison entre le juge de paix et le ministre de la Justice ? Quelle étrange conception aussi de faire intervenir le ministère public devant une juridiction où il n'est pas représenté !

Le juge de paix, d'autre part, en raison même de son caractère amovible, ne paraîtrait pas présenter aux yeux du public la somme d'indépendance qu'on doit exiger d'un magistrat saisi d'affaires aussi graves. Lorsque sa décision serait conforme à l'avis du ministère, il se trouverait des gens pour insinuer qu'il a jugé par ordre. Insinuation gratuite, odieuse, mais avec laquelle il faut compter pour le bon renom de la justice !

Nulle compétence particulière — et cette considération suffirait à elle seule — ne justifie ce choix, bien au contraire ! Ce n'est pas d'habitude parmi les spécialistes du droit international que se recrutent les juges de paix, et ces magistrats se montreraient sans doute fort peu flattés de la périlleuse mission dont on prétend les investir.

Le juge de paix écarté après le Bureau du Sceau, à quelle juridiction convient-il de faire appel ? Poursuivre la recherche conduirait à d'autres déconvenues. On n'innove pas en pareille circonstance, et le mieux est encore de se contenter de la juridiction de droit commun en organisant une procédure appropriée. C'est vers cette solution prudente qu'évoluent les partisans du système de la francisation ; M. Gruffy lui-même ne la déconseille nullement.

Le système de la francisation placé sous le contrôle de l'autorité judiciaire peut paraître fort séduisant. Il procure cette preuve formelle que les jurisconsultes modernes considèrent comme étant la perfection, et assure aussi la preuve de la nationalité sans dévoiler les secrets de la filiation.

Quels que soient ses avantages, ce système nous semble difficilement applicable dans un avenir prochain. Comme la nature, le progrès législatif ne procède pas par bonds, et se réalise à la suite de très lentes évolutions. Lorsqu'il s'agit d'une réforme touchant aux mœurs d'un pays, il faut, pour qu'elle soit acceptée, un fort courant d'opinion. Est-ce bien le cas en notre matière ? Les difficultés que causent les conflits de nationalité sont fréquentes, mais ne touchent quand même que fort indirectement à la quiétude de la nation considérée dans son ensemble. C'est un mal dont on aperçoit les ravages avec peine, dont on serait heureux de connaître le spécifique ; ce n'est pas l'épidémie qui effraie, et dispose à accepter sans murmure les plus rigoureuses mesures de prophylaxie.

A ses conséquences pratiques se juge la valeur d'une réforme. Etendre la nécessité de la francisation à tous les actes de naissance constituerait une tâche irréalisable ; aussi prend-on soin de spécifier qu'étant obligatoire pour les étrangers la francisation resterait facultative pour les Français. Elle s'effectuerait à leur égard au fur et à mesure que les événements la provoqueraient. Toutes les fois que la loi exigerait la qualité de Français pour l'exercice d'un droit ou l'obtention d'une faveur, le demandeur serait invité à faire régulariser son acte de naissance. Voilà le danger de la porte mal fermée ! Pour qui connaît l'esprit tracassier de ces fameux et inexpugnables bureaux que personne ne nous envie, ce serait l'occasion rêvée d'une nouvelle formalité à enjoliver d'exigences subtiles. Prétendez-vous à une prérogative du droit public ? Sollicitez-vous une place ? Désirez-vous prendre part à un concours ? Demandez-vous simplement un brevet d'invention, un permis de chasse, une carte d'identité ou quelque autre menu privilège ? Il vous faudra introduire, au préalable, une instance pour établir votre qualité de national, fût-elle d'ailleurs l'évidence même. Des frais, des démarches, des lenteurs pour le seul amour de la régularité ! On instituera, dit-on, une procédure expéditive et peu coûteuse. Le bon billet ! Les meilleures formules restent à l'état d'intention.

On a proposé pour résoudre les contestations relatives à la nationalité un système beaucoup plus simple, qui n'aurait d'autre but que de donner autorité aux usages courants (1). Dans un très grand nombre de cas, c'est l'administration qui constate la nationalité. Bien que ses décisions n'aient juridiquement que la valeur d'un avis, la pratique s'en contente. Il suffirait donc de faire passer dans la législation ce qui s'accepte en fait en donnant au ministre de la Justice le pouvoir de déterminer les points litigieux. Les arrêtés qu'il prendrait en cas de besoin, soit d'office, soit à la demande des personnes intéressées, feraient foi de l'état de la personne tant qu'ils n'auraient pas été annulés ou modifiés par le Conseil d'État, juridiction suprême en cette matière.

Si le système de la francisation risque de conduire à des complications peut-être périlleuses, ce dernier système pèche plutôt par l'excès contraire, et sa simplicité ne le met nullement à l'abri des objections. Il appartient en effet à l'administration de fixer les prétentions de l'État ; mais là s'arrête son rôle légitime. Elle ne saurait en même temps être juge et partie ; ses actes, ainsi que nous l'avons vu, ne peuvent avoir que la valeur de simples présomptions. Le législateur loin de répudier ces règles prudentes en a donné une confirmation. formelle en 1893, au moment où il réorganisait la matière si délicate des options de nationalité ; en cas de désaccord entre l'individu et l'État, le procès doit être porté devant les tribunaux ordinaires. Faire du ministre l'arbitre des conflits, c'est en réalité revenir à la compétence du Bureau du Sceau, puisque le ministre se déchargerait sur ce service de son département, avec raison d'ailleurs, du soin de statuer. Toutes les critiques déjà formulées reparaissent avec cette aggravation que le Bureau du Sceau restant simple organe administratif jouirait d'une indépendance bien moins grande que s'il était érigé en tribunal autonome.

III. — Les solutions proposées.

En raison des difficultés que présente la refonte de la législation, faut-il conclure qu'il n'y a rien à faire ? Convient-il de se résigner docilement aux errements actuels ? Ce serait passer d'un extrême à l'autre. Le propriétaire, qui constate des gouttières dans le toit de sa maison, ne le démolit pas : il se borne à le réparer. Pour aboutir à un résultat rapide, le parti le plus sage est souvent d'améliorer l'état actuel des choses au lieu de le transformer. Dans un ordre d'idées tout autre, mais qui n'est pas sans présenter quelque analogie au point de vue des conditions de la réforme avec notre sujet, un législateur avisé prit cette prudente résolution et réussit ainsi à supprimer des abus qui se seraient indéfiniment perpétués. Nous faisons allusion à la loi belge du 10 octobre 1913 apportant à la veille de la guerre des améliorations considérables au régime hypothécaire sur les bases du droit actuel. La preuve formelle qu'aurait donnée l'institution des livres fonciers — conception bien supérieure en théorie — fut abandonnée, parce qu'elle ne rentrait pas dans le domaine des réalités immédiates (2).

---

(1) Pillaut, *op. cit.*, *Rev. dr. int. privé*, 1917, p. 24 et 27.

(2) Voy. notre examen critique, *Annuaire étranger*, 1914, p. 669 et suiv.

Sans modifier le caractère actuel de l'acte de naissance, il deviendrait possible d'en tirer grand parti comme preuve de la nationalité. Rien ne paraîtrait plus utile ni plus rationnel que d'y inscrire les changements officiels relatifs à la qualité de Français. Les déclarations d'option réservées aux fils d'étrangers nés en France devraient faire l'objet d'une mention marginale. Ce serait un grand progrès sans le moindre inconvénient : suppression d'un traquenard, renseignement de la plus haute utilité mis à la disposition, sous la main pour ainsi dire de tous les intéressés.

Les décrets, qui confèrent la naturalisation proprement dite, gagneraient tout autant à être mentionnés en marge de l'acte de naissance. Ainsi se trouverait réalisée de façon effective cette vaste publicité que les jurisconsultes sont d'accord, pour réclamer à l'égard de l'acte qui attribue la qualité de Français. Comme le décret de naturalisation ne produirait ses effets que par la transcription, on ne risquerait plus de revoir le scandale de cette naturalisation qui fut contestée vingt-sept ans plus tard sous prétexte que la publication n'avait pas été effectuée en temps utile ! L'intéressé cesserait de se trouver à la merci de l'Administration et de l'Imprimerie nationale ; il connaîtrait sa condition juridique, et pourrait la faire régulariser.

Une objection se présente aussitôt à l'esprit. Beaucoup de naturalisés ne sont pas nés en France. Comment opérer une mention en marge d'un acte qui n'existe pas ? Nous sommes ainsi amenés à examiner le problème beaucoup plus général des Français nés à l'étranger.

Les auteurs, qui préconisent le système de la francisation, se sont préoccupés de cette situation, et proposent d'instituer un lieu de naissance fictif où seraient tenus les actes d'état civil les concernant. Ce lieu, on le verrait situé avec satisfaction hors de Paris, loin même de la capitale, afin de mettre les nouvelles et précieuses archives à l'abri des attentats ennemis et des insurrections (1). Ce système n'est, en réalité, qu'une adaptation du service organisé au ministère des Affaires étrangères pour centraliser les actes d'état civil reçus à l'étranger. Il peut se combiner avec les divers modes de preuve de la nationalité, et offre de sérieux avantages. Son inconvénient est d'occasionner une organisation administrative nouvelle donnant lieu à certains frais.

Il existe une autre combinaison. Elle s'inspire des textes applicables à des espèces spéciales (2), d'où l'on déduit des formules générales (3).

----

(1) Deux propositions sont en concurrence : 1° choix d'une localité peu éloignée de Paris et du ministère de la Justice comme Saint-Germain-en-Laye ou Saint-Cyr-l'Ecole, ce qui ne pallierait que faiblement au danger signalé ; — 2° désignation d'une ville du centre, éloignée de toutes frontières comme Clermont-Ferrand, ou Limoges qui, le cas échéant, aurait d'*excellents titres* à faire valoir. Certains préféreraient même, par un luxe de précautions quelque peu excessif, qui ne serait pas sans inconvénients réels, une commune non siège de tribunal comme Vichy, Royat, Firminy ou toute autre localité analogue.

(2) Notamment les articles 93, 94, 98 du Code civil.

(3) Voy. Edouard Lévy, *Les transcriptions d'actes et de jugements sur les registres de l'état civil*, journal *La Loi* des 21, 22, 23-25 février 1919.

La transcription de l'acte de naissance d'un Français reçu à l'étranger par nos agents consulaires ou par les fonctionnaires compétents d'après la loi locale devrait être faite en France, au dernier domicile du père de l'enfant, ou de la mère si le père est inconnu. A défaut de ce domicile elle s'effectuerait au lieu de naissance du père, ou de la mère si le père est inconnu. En l'absence de ces éléments, elle serait opérée à Paris, à la mairie du Ier arrondissement. D'autre part, au cas où la transcription n'aurait pas été réalisée plus tôt et se trouverait requise par l'enfant lui-même devenu majeur et domicilié en France, il deviendrait préférable par intérêt pour le demandeur de l'autoriser dans la commune de son domicile au jour de la réquisition. En ce qui concerne l'étranger naturalisé, il serait tout naturel d'après les règles précédentes de prescrire l'inscription de son acte de naissance sur les registres de la commune où il serait domicilié au moment où il acquerrait la qualité de national.

Ce ne sont pas seulement les déclarations de nationalité et les décrets de naturalisation qu'il convient de mentionner en marge de l'acte de naissance ; la même mesure se recommande à l'égard des décisions judiciaires rendues en cette matière. L'analogie avec les jugements de divorce ou de séparation de corps frappe l'esprit ; sans qu'il soit besoin d'innover, il n'y a qu'à appliquer aux nouvelles espèces le règlement qui les concerne. La sentence reconnaissant à un individu la qualité de Français ou la lui déniant devrait, une fois devenue définitive, être transcrite et mentionnée dans les conditions prévues à l'article 252 du Code civil.

Les nouvelles indications ne révélant pas les secrets de la filiation échappent par cela même aux restrictions de la loi du 30 novembre 1906. Les bulletins délivrés aux tiers devraient donc en faire mention au même titre que l'original.

L'extrait de l'acte de naissance ainsi complété assurerait la preuve de la nationalité. Une seule condition se trouverait requise, c'est que la date de sa délivrance ne remontât pas à une époque trop ancienne, qu'elle n'excédât pas, par exemple, trois mois ou tout au moins que le titre fût revêtu d'une estampille récente. Telle est la pratique suivie pour le casier judiciaire. Elle donne de bons résultats ; il convient de s'y conformer.

Cette utilisation de l'acte de naissance constituerait une application intéressante du casier civil qui tend à s'introduire, semble-t-il, dans notre droit par étapes successives. A ce titre, elle peut encore espérer un accueil favorable (1).

La preuve de la nationalité ne saurait faire l'objet d'un règlement qu'à la condition d'organiser l'action en justice destinée à la faire valoir. C'est le point essentiel dont dépend tout le mérite de la réforme. Il faut qu'une instance appropriée à ce genre de litige conduise à une décision ayant valeur absolue. Pour éviter d'être ballotté entre des

______

(1) Colin et Capitant, *Cours de droit civil*, t. 1, p. 331 ; Edme Roy, *Gaz. Trib.*, 16-18 octobre 1916.

théories, qui prises séparément peuvent invoquer d'excellents arguments, il n'existe que ce moyen : analyser le rapport de nationalité, et en déduire rigoureusement les conséquences qu'il comporte.

La nationalité est un rapport de droit qui rattache l'individu à l'Etat. Les conditions de ce rapport ne concernent que les deux parties. Les tiers, lorsqu'il se trouve établi, peuvent en tirer des conséquences à leur profit ou se le voir opposer ; mais la question même de son existence leur échappe : c'est pour eux *res inter alios acta*.

Si les prémisses de ce raisonnement sont exactes, il en résulte logiquement que les contestations concernant le rapport de nationalité doivent être discutées entre les parties, c'est-à-dire entre l'individu et l'Etat. Quelle que soit la branche du droit dans laquelle on classe la nationalité, qu'on la considère comme relevant du droit public (1), ou comme faisant partie intégrante du droit privé, ou bien encore qu'on lui attribue un caractère mixte, il est impossible de ne pas reconnaître que l'intérêt général passe au premier rang puisque la composition même de la nation se trouve mise en cause. Il ne saurait donc appartenir à des particuliers de décider d'un aussi grave débat comme d'une affaire privée, de provoquer peut-être des jugements d'accord. D'où cette règle fondamentale qui domine le sujet : tout procès qui tend à établir ou à décliner la qualité de Français s'intente contre l'Etat ou par l'Etat.

Le premier corollaire à déduire de la règle, c'est que le procès ne peut être en aucune circonstance jugé à titre d'incident. Sa nature exige qu'il forme l'objet d'une instance spéciale, et qu'il soit renvoyé, même d'office, devant les juges qualifiés pour statuer.

Toute personne doit avoir la facilité à n'importe quel moment de discuter en justice sa qualité de Français. Il n'est pas nécessaire qu'un intérêt immédiat provoque la demande. Le désir de posséder un état juridique bien défini semble tout à fait légitime, et constitue un motif d'action largement suffisant. On pourrait faire remarquer d'ailleurs, s'il en était besoin, que l'attente deviendrait périlleuse, les preuves risquant de s'affaiblir et même de disparaître.

L'agent du Gouvernement doit jouir aussi d'une grande latitude. Agissant au nom de l'intérêt général, il est fondé à introduire une instance toutes les fois que l'Etat ou l'ordre public se trouvent en cause.

Les tiers ont parfois de sérieux motifs à contester une nationalité. Ils peuvent toujours provoquer l'initiative de l'agent du gouvernement ; mais cette ressource peut paraître à juste titre insuffisante. Des intérêts individuels ne sauraient être tenus en échec par l'apathie ou le mauvais vouloir de l'autorité. Le droit pénal lui-même permet à la victime ou à ses ayants cause de saisir la justice à l'aide d'une constitution de partie civile. Notre matière ne comporte-t-elle pas un correctif analogue ? La personne qui justifie d'un intérêt direct et immédiat ne doit-elle pas avoir la faculté de mettre l'action en mouvement ou d'interve-

---

(1) Cass. civ., 21 juin 1919, *Kroll* et *Colom* et le rapport de M. Ambroise Colin, *Rev. dr. int. privé*, 1919, p. 265 et suiv.

nir, l'instance se poursuivant d'ailleurs selon les règles propres à ce genre de procès ?

Le choix de la juridiction appelée à statuer ne saurait retenir long-temps l'attention. La compétence du tribunal civil est tout indiquée en cette matière, quelles que soient les circonstances de l'affaire. Par cela même disparaîtrait la compétence assez singulière que le décret de 1852 attribuait au juge de paix lors de la confection des listes électorales.

La désignation du représentant de l'Etat, partie nécessaire au pro-cès, peut sembler plus délicate, mais ne saurait non plus soulever de bien graves discussions. Contrairement à la pratique actuelle, ce repré-sentant doit être choisi d'après ses aptitudes, et ne pas varier suivant la circonstance occasionnelle qui provoque le litige. Placée sur ce ter-rain la discussion n'est pas douteuse. Le Ministère public constitue l'organe le mieux qualifié au point de vue juridique comme au point de vue moral, C'est donc contre le procureur de la République, pris comme partie principale, que l'on intentera les actions tendant à faire recon-naître la qualité de Français ou à la décliner ; c'est lui qui exercera les mêmes actions, lorsque les événements lui attribueront la qualité de demandeur. Tous les autres fonctionnaires se trouveront dessaisis à son profit. Les préfets n'auront plus que le droit de l'avertir et perdront tout pouvoir direct de poursuite.

Il est inutile d'insister sur les avantages que présente cette concen-tration de l'action dans les mains d'une autorité unique ; ils sont ma-nifestes ! Et si l'on considère qu'il deviendra possible, ainsi que nous le verrons bientôt, de donner au procureur de la République l'aide d'un conseil juridique hautement autorisé, le résultat au point de vue de la bonne administration de la justice apparaît comme un progrès des plus sérieux que la législation puisse réaliser.

La compétence du tribunal civil et du représentant de l'Etat étant établie, devant quel tribunal chaque affaire doit-elle être portée ? Selon la terminologie courante, après la compétence *ratione materiæ*, com-ment déterminer la compétence *ratione personæ*. On sait qu'en principe le défendeur doit être cité devant le tribunal de son domicile, ou à défaut, de sa résidence. La règle *actor sequitur forum rei* exprime une vérité universellement reconnue. Mais, en notre matière, la situation n'est plus la même qu'au cours des litiges ordinaires. Lorsque le repré-sentant de l'Etat intente contre un particulier l'action relative à la nationalité, on comprend bien que ce particulier doit être poursuivi devant le tribunal de son domicile ; le cas inverse est fort différent. L'Etat se trouve représenté par un procureur de la République dans toutes les circonscriptions judiciaires. Dès lors, quelle raison existe-t-il de donner la préférence à l'une quelconque de ces circonscriptions sui-vant la nature de l'affaire ? Dira-t-on, par exemple, que si le litige naît des opérations d'un conseil de révision, il ressortit nécessairement au tribunal dans l'arrondissement duquel siège ce conseil ? Dira-t-on qu'un candidat éliminé d'un concours sous prétexte d'extranéité devra porter son action devant le tribunal de la ville où a eu lieu le concours ? Fau-dra-t-il pour chaque procès tenir compte des circonstances ? Ce serait pousser bien loin le formalisme et rendre parfois le choix du tribunal singulièrement scabreux. La règle *actor sequitur forum rei* n'a d'autre but que de résoudre un conflit d'intérêts opposés entre le demandeur et le défendeur. Lorsque l'Etat est défendeur, le conflit n'existe plus ; partant, la règle perd sa valeur et son application. L'Etat étant domicilié partout, l'intérêt du demandeur demeure seul en cause.

Suivant une thèse assez en faveur, le procès concernant la nationalité devrait être jugé par le tribunal du lieu où se trouve inscrit l'acte de naissance : ce serait le tribunal du lieu de naissance effectif pour les Français nés en France, le tribunal du lieu de naissance fictif pour les Français nés à l'étranger si l'on admet cette théorie, sinon le Tribunal de la Seine choisi sans doute comme étant le mieux à la portée des intéressés. La considération sur laquelle on étaye cette compétence spéciale est d'ordre purement pratique. Le tribunal ainsi saisi peut se faire apporter en Chambre du conseil les registres des naissances et les compulser, ce qui évite les frais de levée d'actes.

Cet argument ne nous semble nullement convaincant. Les juges peuvent toujours avoir communication des pièces utiles au procès avec une facilité suffisante et sans qu'il en résulte des frais excessifs. L'avantage purement matériel de la communication sur place, qui ne dispenserait pas toujours d'autres preuves, ne saurait entrer en ligne de compte avec la charge pénible, coûteuse et périlleuse que l'on impose au plaideur de suivre un procès loin de son centre juridique.

On ajoute, il est vrai, qu'à l'égard des Français nés à l'étranger, un seul tribunal connaîtrait de tous les procès. Mais cette solution suppose admis le système du lieu de naissance fictif ; sinon, il faudrait, pour rester fidèle au motif qui explique une si grave dérogation à la règle ordinaire de procédure, reconnaître compétence au tribunal du lieu où s'effectue la transcription de l'acte de naissance reçu à l'étranger. Invoquera-t-on l'unité de juridiction comme un progrès désirable ? S'il en est ainsi, pourquoi ne pas proposer carrément la compétence générale et exclusive d'un seul tribunal pour l'ensemble des affaires de nationalité ? Ce serait naturellement le Tribunal de la Seine, auquel on adjoindrait une chambre spéciale pour juger les litiges de cette classe. On pourrait alors essayer de justifier la réforme par la valeur technique des magistrats. Le vice capital de cette proposition, qui la fait écarter des combinaisons les plus audacieuses, est d'aller à l'encontre de nos institutions judiciaires ; car les mêmes motifs conduiraient à établir une foule de spécialisations, ce que le législateur n'a pas voulu, et ce qu'il ne voudrait pas encore si la question lui était posée.

Le tribunal appelé à juger le procès étant connu, il convient de déterminer la manière de l'en saisir. Comme dans le droit actuel, deux voies sont en concurrence : celle de l'assignation et celle de la requête. Chacune d'elles ne peut manquer de retrouver ses partisans sur le terrain législatif ; mais, à la différence des errements de la pratique, le système choisi deviendra exclusif, et s'étendra à toutes les espèces.

La procédure de la requête se réclame des arguments produits pour en justifier l'emploi avec le silence des textes : nature de l'action qui ressortit à la juridiction gracieuse — supériorité d'un procédé plus expéditif. — Nous avons déjà montré la faiblesse de ces considérations. Le règlement de l'instance que nous venons d'exposer la fait encore mieux apparaître. Le procès devant être suivi contre le procureur de la République, il existe toujours un contradicteur manifeste. Sa présence suffit à fermer le domaine de la juridiction gracieuse. Reste le prétendu avantage de la rapidité. Justifie-t-il une dérogation à la règle générale ? Il convient, croyons-nous, de se garder de trop grandes illusions. Les modes de procédure valent surtout par l'emploi qu'on en fait. Qu'une circulaire du garde des Sceaux recommande aux procureurs généraux d'assurer dans leurs ressorts la prompte expédition des procès de nationalité, et la voie de l'assignation ne présentera aucun inconvénient. Ne s'applique-t-elle pas déjà aux conflits que provoque le recrutement de l'armée, espèce exigeant le maximum de célérité ? S'il y avait des abus, on ne manquerait pas de les signaler. Et il faudrait des abus bien réels et bien graves pour soustraire des affaires aussi importantes à l'ensemble des garanties prescrites par la loi ! Le huis clos pas plus que la Chambre du conseil ne sont de mise en cette circonstance.

Introduite par assignation, l'instance ne comporte pas de préliminaires de conciliation. Il est des matières — et la nationalité en offre le prototype (1) — où aucune mesure transactionnelle ne saurait intervenir. Mais s'il n'y a pas lieu à une entrevue exclusive de toute entente, il convient cependant que les points litigieux fassent avant les débats l'objet d'un examen attentif. Le Ministère public est le contradicteur et non l'adversaire du plaideur qui cherche à faire établir sa nationalité. Il n'a d'autre but que le triomphe de la vérité, et si les prétentions exposées sont justes, loin de les combattre, il doit leur prêter l'autorité de sa parole. Afin d'assurer bonne justice en cette matière délicate et spéciale, il convient que l'assignation soit communiquée au ministère de la Justice. Le Bureau du Sceau aurait la mission d'étudier le dossier et de présenter ses observations. La création d'une section chargée du contentieux deviendrait sans doute nécessaire ; mais la charge annuelle, qui de ce chef grèverait le budget, apparaît comme bien trop minime pour constituer une pierre d'achoppement. Il appartient d'ailleurs aux chefs du service de la réduire au minimum en utilisant du mieux possible les excellents éléments qu'ils ont à leur disposition.

Bien qu'elle soit invraisemblable, on doit prévoir la force d'inertie opposée par l'administration. Un délai pourrait être imparti pour la remise de ses observations, trois mois par exemple à partir de la mise au rôle du greffe. Ce délai expiré, le tribunal se trouverait en droit de statuer sans plus attendre.

---

(1) Cass., 4 novembre 1901 et 30 mai 1902, D. 1902.1.185 et 343. — Comp. Paris (1re Ch.), 22 novembre 1916, *Bolomey*, *Rev. dr. int. privé*, 1918, p. 454, *Gaz. Trib.* du 30 décembre 1916 (arrêt *in extenso*) et la note.

En ce qui concerne les modes de preuve, la résolution la plus sage consiste à laisser aux juges grande liberté d'appréciation. L'exigence d'un écrit pour l'établissement de la nationalité d'origine constituerait dans nombre de cas une exigence excessive, sinon une impossibilité. Qu'il nous suffise de rappeler sans plus d'insistance l'exposé détaillé de la question que nous avons fait dans l'état actuel du droit. A défaut d'écrit, on pourra donc recourir aux témoignages et même aux simples présomptions, pourvu selon la formule habituelle qu'elles soient graves, précises et concordantes.

Le procès se trouvant soutenu par le Ministère public, qui représente l'Etat, il en résulte que le jugement acquiert autorité de chose jugée d'une manière absolue et qu'il devient opposable à tout le monde. Cette conclusion, qui résulte de la nature des choses, répond seule à la vérité juridique ; on ne connaîtrait plus ainsi le scandale d'individus invoquant selon la diversité de leurs intérêts la condition de Français ou celle d'étrangers. Toute personne pourrait se prévaloir de la sentence rendue ou se la voir opposer ; et comme la qualité se trouverait officiellement fixée, ainsi que nous l'avons dit, mention en serait faite en marge de l'acte de naissance.

La décision, qui détermine la nationalité, est définitive. Quelle que soit la rigueur de ce principe, il semble cependant impossible de ne pas tenir compte des erreurs révélées par des preuves ou des faits nouveaux inconnus des juges (1). En pareille circonstance la mention inscrite en marge de l'acte de naissance pourrait être rectifiée soit à la demande de l'individu dont la condition reste en suspens, soit à la demande du procureur de la République ou des tiers justifiant d'un intérêt légitime. Pour prévenir tout abus, cette demande ne deviendrait recevable qu'après vérification, lorsqu'un jugement avant dire droit en aurait reconnu le bien fondé.

Nous avons suivi le procès relatif à la nationalité dans tout son cours. Cette étude pour être complète comporte deux annexes : l'une concerne le paiement des frais ; l'autre a pour but de préciser la nature de l'action qui nécessite cette procédure spéciale.

En principe, les dépens restent à la charge de la partie qui succombe ; cette règle doit-elle être suivie dans l'espèce ? Actuellement, lorsque le débat s'élève entre deux particuliers, l'affirmative ne saurait inspirer le moindre doute, puisqu'il s'agit d'une action ordinaire ; lorsqu'un débat s'élève entre un particulier et le représentant de l'Etat, spécialement le préfet, la jurisprudence laisse les frais au compte du particulier, même quand il triomphe, sous prétexte que le procès est fait dans son intérêt (2). Motif discutable et peu en harmonie avec les solutions

____

(1) Comp. Cass. crim., 22 décembre 1916, *Lob, Rev. dr. int. privé*, 1917, p. 556.

(2) Trib. Grenoble, 30 mai 1913 et Grenoble (1re Ch.), 24 février 1914, *Servettag, J. dr. int. pr.*, 1917, p. 1764 ; Trib. Seine (1re Ch.), *Besson*, 27 no-

admises en d'autres circonstances ! Ainsi dans l'hypothèse si fréquente des réquisitions militaires l'individu qui gagne un procès contre l'Etat (service de l'Intendance) échappe à la condamnation aux frais, pourquoi la subit-il si c'est contre l'Etat (service du recrutement) qu'il plaide victorieusement ? Il ne saurait y avoir deux poids ni deux mesures dans les balances de la justice (1). La condamnation aux frais du plaideur, qui obtient gain de cause, ne se justifie que s'il saisit de lui-même la ustice de sa demande en dehors de tout litige.

L'action, dont nous venons d'esquisser la procédure, est celle qui met en cause la qualité de Français. Comme elle affecte la composition même de la nation, on comprend qu'elle se trouve soumise à des règles spéciales, qui sauvegardent les intérêts également légitimes de l'individu et de l'Etat. Lorsque le conflit relatif à la nationalité a un but différent, lorsqu'il s'agit de déterminer non si telle personne est Française ou étrangère, mais de rechercher entre diverses nationalités étrangères celle qui lui appartient, il n'existe plus les mêmes raisons de soustraire le débat au droit commun. C'est alors un procès, dont la solution peut paraître infiniment délicate, mais qui par sa nature ne diffère nullement des conflits du droit international. Peu importe que la contestation concerne un rapport juridique d'ordre privé ou d'ordre public ; la question de la tierce nationalité se pose dans les mêmes conditions. La seule règle spéciale dont on pourrait demander l'extension est celle qui a trait à la consultation du Bureau du Sceau. Le litige présente un caractère si technique que le souci du bon renom de la justice française autorise un appel aux lumières des spécialistes.

Parvenu à la fin de notre travail, nous pouvons résumer en quelques propositions les principales conclusions qui nous semblent recommandables au moins dans leur esprit. Sous cette forme concise, on se rendra compte plus aisément des approbations ou des modifications qu'elles comportent. Le sujet est loin de se trouver épuisé ! Notre seul désir serait d'avoir posé quelques jalons utiles.

1. — Doivent être mentionnés sur les registres de l'état civil en marge de l'acte de naissance : — A) les déclarations d'option acceptées par la Chancellerie et régulièrement enregistrées pour acquérir ou pour décliner la nationalité française dans les cas des articles 8, 3° et 4°, 9, 10, 12 et 18 du Code civil, — B) les décrets de naturalisation publiés au *Bulletin de lois*, ainsi que les décrets de réintégration.

2. — Toute décision de justice reconnaissant ou déniant à un indivi-

vembre 1916, conclusions de M. le substitut Legris, *Rev. dr. int. privé*, 1917, p. 571 ; *J. dr. int. pr.*, 1917, p. 655 ; *La Loi* des 13-14 décembre 1916 ; Paris (1re Ch.), 25 avril 1917, *Rev. dr. int. privé*, 1917, p. 572 ; Lyon (1re Ch.), 30 juillet 1918, *Bœsch, J. dr. int. pr.*, 1919, p. 302. Paris (1re Ch), 6 juin 1918, *Kroll, Rev. dr. int. privé*, p. 283. *Contrà*, Dijon (1re Ch.), 28 octobre 1918, *Colom, Ibid*, p. 265.

(1) A noter que la loi sur la déchéance de la nationalité du 18 juin 1917, article 9, *in fine*, laisse les frais à la charge de l'Etat lorsque la déchéance n'est pas prononcée.

du la qualité de Français doit, une fois devenue définitive, être transcrits et mentionnée dans les conditions prévues à l'article 252 du Code civil. — La décision dûment transcrite et mentionnée est opposable aux tiers.

3. — La production de l'acte de naissance portant reconnaissance de la nationalité française au profit d'un individu suffit à établir sa nationalité à condition que cet acte n'ait pas été délivré depuis plus de trois mois. — Les bulletins de naissance délivrés aux tiers, conformément à la loi du 30 novembre 1906, doivent faire mention de la nationalité au même titre que l'original.

4. — Tout individu a le droit de faire déterminer par jugement à l'encontre du procureur de la République qu'il possède la nationalité française ou au contraire qu'elle lui est attribuée indûment. — Le même droit appartient au procureur de la République, lorsque l'Etat ou l'ordre public est intéressé à ce que la nationalité d'un individu soit judiciairement constatée. — Les tiers, qui justifient d'un intérêt légitime et immédiat, peuvent saisir la justice de l'action en détermination de nationalité ; ils peuvent aussi demander à intervenir dans un procès en cours.

5. — Le tribunal compétent est dans tous les cas le tribunal civil du domicile de l'individu dont la nationalité est contestée ; à défaut de domicile, le tribunal compétent est celui de sa résidence.

6. — Si au cours d'une instance la nationalité de l'une des parties est contestée, le tribunal, dans le cas où la contestation lui paraît sérieuse et de nature à influer sur la solution du litige, renvoie le jugement de cet incident à la juridiction compétente. — Le renvoi peut être prononcé soit à la demande des parties, soit à la requête du procureur de la République ; il peut aussi être ordonné d'office.

7. — L'action en détermination de la nationalité doit être introduite par voie d'ajournement.

8. — L'ajournement doit, à peine de nullité de toute la procédure, être communiqué pour observations au ministère de la Justice. Passé le délai de trois mois à compter de la mise au rôle général du greffe, le tribunal est en droit de passer outre.

9. — A défaut de titres, la nationalité peut se prouver par témoins, et aussi par présomptions à condition qu'elles soient graves, précises et concordantes.

10. — Le jugement ou l'arrêt, qui clôture le procès, a force de chose jugée absolue.

11. — Lorsqu'un fait viendra à se produire ou à se révéler, ou lorsque des pièces inconnues des premiers juges seront représentées de nature à attribuer à un individu une nationalité autre que celle qui lui est reconnue par un jugement ou par un arrêt antérieur, cet individu est fondé à faire rectifier, selon les formes ci dessus indiquées, son acte de naissance. Le même droit appartient au procureur de la République, ainsi qu'aux tiers justifiant d'un intérêt légitime et immédiat. — Il devra être statué avant dire droit sur la recevabilité de la demande.

12. — Le plaideur, dont la nationalité est contestée, ne doit pas être condamné aux dépens, lorsqu'il réussit à faire admettre sa préten-

tion.— La charge des dépens incombe au demandeur dans tous les cas lorsqu'il exerce l'action en détermination de la nationalité en dehors de toute contestation.

13. — La procédure ci-dessus indiquée est spéciale à la détermination de la nationalité française ; elle ne s'applique pas aux conflits entre nationalités étrangères.

ADDENDA

1°

Dans un volume des travaux de la Société anglaise Grotius publié récemment, la commission de la nationalité a préconisé pour la preuve un régime qui aurait pour but de faire connaître la nationalité de chaque personne et d'éviter les doubles nationalités (*Transactions of the Grotius society, volume IV, London* 1919 : *Report of the committee on nationality and registration,* p. LI ; *Recommandations for the introduction of registration into the law of Nationality,* p. LV).

Voici en quelques mots l'économie du régime proposé. Tout acte de naissance doit faire mention de la nationalité de l'enfant ; une colonne est réservée sur les registres à cette déclaration. L'enfant né dans l'Empire britannique (*within His Majesty's dominions*) est sujet britannique, à moins que son père ne le fasse enregistrer comme étranger, si sa propre législation lui en confère le droit ; en cas d'illégitimité, ce pouvoir appartient à la mère ; à défaut du père, il est exercé par les gardiens légaux de l'enfant. Dans les douze mois qui suivent sa vingt et unième année, cet enfant peut réclamer la qualité de sujet britannique, pourvu qu'il réside dans le Royaume-Uni et qu'il ait rompu ou manifesté l'intention de rompre tout lien d'allégeance avec l'Etat étranger. — Par analogie, l'enfant né à l'étranger d'un père sujet britannique peut être enregistré comme sujet britannique au Consulat britannique du pays où il est né.

Ce système n'est d'une application facile qu'avec une législation fondée sur le *jus soli* ; il en constitue un adoucissement. L'inconvénient qu'il nous paraît présenter est de prêter à des fraudes, les dires des déclarants au moment de l'enregistrement ne pouvant être vérifiés. En Angleterre, la sanction, qui a pour but de les prévenir, consiste dans les pénalités prévues pour fausses déclarations sur registre public, qui varient entre l'amende de £ 10 et la servitude pénale (37 et 38 Vict. c. 88, s. 40).

2.

Le projet de loi sur l'acquisition et la perte de la nationalité française discuté par la Société d'Etudes législatives ne traite pas la question de la preuve. Au cours des débats, il a été reconnu que la compétence des tribunaux civils devait être maintenue même si l'on classait la nationalité dans le droit public. — Voy. le *Bulletin* de cette Société, 1917-1918, p. 35 et suiv.

J. C.

Imp. J. Thevenot, Saint-Dizier (Haute-Marne).

Imp. J. Thevenot, Saint-Dizier (Haute-Marne).